MW01264506

Diccionario escolar enfocado

Estudios Sociales
Grado 1

DEG

San Antonio, Texas

Staff

Ovidio García
Rosalía Chavelas
Contenidos

Alba Sánchez
Directora Editorial

Producción

Luis Díaz
Director de Diseño

Alejandro Flores
Director de Producción

Elida Lara
Formación

Arte

Dalia Alvarado
Alejandro Garza
Ilustradores

Eddie Macías
Ilustración de Portada

ISBN 1-932554-10-6

6 5 4 3 2 1   03 04 05 06 07

Contenido

Querido amigo:

Tu *Diccionario escolar enfocado* para Estudios Sociales grado 1, es una herramienta útil para consultar las palabras y términos relacionados con la historia, la geografía y los valores cívicos que aprendes en tu materia de Estudios Sociales. También te ofrece una oportunidad de ampliar tu vocabulario y reforzar el conocimiento que adquieres día con día en tu salón de clases.

Los términos de tu *Diccionario escolar enfocado* para Estudios Sociales grado 1, fueron seleccionados de los programas educativos que llevas en tu escuela. Las definiciones están escritas en un lenguaje sencillo y conciso. Se complementa con ilustraciones para que cuentes con elementos visuales que te ayuden en la comprensión de los términos definidos.

Tus papás y tus maestros son personajes importantes en la exploración de hechos, lugares y personajes que han contribuido para que Estados Unidos sea la poderosa nación que es y en la cual tienes la oportunidad de vivir y educarte. Disfruten y exploren juntos con esta herramienta invaluable que es el *Diccionario escolar enfocado* para Estudios Sociales grado 1, que Diaz Educational Group pone en sus manos.

Los Editores

Cómo usar este diccionario

El *Diccionario escolar enfocado* para Estudios Sociales grado 1, es una guía para la comprensión de términos relacionados con la historia, la geografía y los valores cívicos de Estados Unidos de América.

Cada término está definido de manera sencilla. Las definiciones fueron redactadas tomando en cuenta los contenidos de tus libros de texto de Estudios Sociales. En muchas definiciones encontrarás una breve explicación del contexto en que se aplican estos términos.

El *Diccionario escolar enfocado* para Estudios Sociales grado 1, te ofrece una amplia selección de términos, pero no necesariamente incluye a todos los que puedas encontrar en tus libros de texto.

Este diccionario contiene ilustraciones que te orientan visualmente en la comprensión de las definiciones. También cuenta con recuadros que explican otras acepciones que una palabra puede tener y ejemplos de cómo se usan en ese contexto.

Al final del diccionario hay un índice en inglés, que es una referencia rápida para quienes están aprendiendo el español.

En la página siguiente se indican los elementos que encontrarás en tu *Diccionario escolar enfocado* para Estudios Sociales grado 1.

La gran aventura apenas empieza. Tu inquietud exploradora y la guía de tus padres y maestros son el segundo ingrediente que necesitas para navegar en el fascinante desarrollo de los acontecimientos y valores que han forjado la historia de este gran país. El primer ingrediente, ya lo tienes en tus manos, ¡úsalo y disfrútalo!

Palabra

La palabra seleccionada como se escribe en español.

Palabras guía

Muestran la primera o última palabra que aparece en una página del diccionario.

Definición

La explicación de lo que significa la palabra.

Inglés

La palabra que corresponde en inglés a la palabra en español.

Ilustraciones

Coloridas imágenes que representan lo que significa la palabra.

---

aleute

A a

afroamericano / African American
Persona de África o con antepasados africanos que vive en Estados Unidos.

agricultor / farmer
Persona que cultiva la tierra y cría ganado.

agricultura / agriculture
Es el cultivo de la tierra para obtener alimentos o materiales que sirven para elaborar otros productos.

Agricultor

ahorrar / reduce
Disminuir o reducir el uso o gasto de alguna cosa para usarla después.

aleute / aleut
Indígenas americanos que viven en Alaska.

Ahorrar

1

afroamericano / African American

Persona de África o con antepasados africanos que vive en Estados Unidos.

agricultor / farmer

Persona que cultiva la tierra y cría ganado.

agricultura / agriculture

Es el cultivo de la tierra para obtener alimentos o materiales que sirven para elaborar otros productos.

Agricultor

ahorrar / reduce

Disminuir o reducir el uso o gasto de alguna cosa para usarla después.

aleute / aleut

Indígenas americanos que viven en Alaska.

Ahorrar

alimento / food

Es lo que comen las personas y los animales para vivir.

amable / gently

Que es una persona agradable y cortés.

Amable

América / America

Nombre del continente donde vivimos.

América del Norte / North America

Es la parte norte del continente americano. Estados Unidos está en América del Norte.

¿Sabías que..?

América recibió este nombre en honor de Américo Vespucio, un navegante italiano que trabajaba para España, quien supo que las nuevas tierras descubiertas por Cristóbal Colón eran un Nuevo Mundo.

América del Sur / South America
Parte sur del continente americano.

amerindios / American Indians
Indígenas americanos o lo que se relaciona con ellos.

Amerindios

amigos / friends
Personas a quienes conoces bien y quieres, porque tienen una relación de amistad.

amigos por correspondencia / pen pal
Personas con quienes tienes una relación de amistad por medio de cartas que se envían por correo.

anciano / elder
Persona que tiene muchos años.

antiguo / very old
Es algo que existe desde hace mucho tiempo.

anuncio publicitario / advertisement
Aviso para dar a conocer algo que se vende.

Anuncio publicitario

apartamento / apartment
Vivienda pequeña que está en un edificio.

arquitecto / architect
Persona que diseña casas y edificios.

arte / art
Actividad en la que se hacen cosas bellas.

Arquitecto

auricular / auricular

Aparato que se pone cerca de las orejas para oír algo.

autobús / bus

Transporte terrestre, grande y con ruedas, que se usa para llevar a las personas de un lugar a otro.

Autobús

avión / plain

Transporte aéreo con motor, que lleva personas o mercancías de un lugar a otro.

Avión

ayuntamiento / City Hall

Edificio donde trabajan las personas que gobiernan un pueblo o una ciudad y los empleados que las ayudan.

bailarín / dancer

Persona que baila por gusto o porque ése es su trabajo.

bandera / flag

Pedazo de tela con colores y símbolos que representa a un país o a una comunidad.

Bandera

barco / ship

Transporte acuático que navega por ríos y mares para llevar personas y mercancías de un puerto a otro.

Barco

barrio / neighborhood

Cada una de las grandes zonas en que se divide una población.

basura / garbage

Cosas que se tiran porque ya no sirven.

batalla / battle

Lucha para vencer a un enemigo.

baúl / trunk

Es una caja grande para guardar cosas.

beisbol / baseball

Deporte en que se recorren cuatro bases después de golpear una pelota con un bate.

biblioteca / library

Lugar donde hay muchos libros para que los lean las personas que los solicitan.

Biblioteca

bienes / goods

Son las cosas que la gente cultiva, fabrica o compra.

biografía / biography

Historia de la vida de una persona.

boliviano / boliviano

Dinero que se usa en Bolivia.

bombero / firefighter

Persona que trabaja apagando incendios.

Qué + significa

Boliviano también es la persona que nació en Bolivia, país que está en América del Sur. *ej.* Mi amigo Simón es **boliviano**.

bombilla eléctrica / light bulb

Aparato de cristal que se pone en las lámparas para dar luz.

bondad / kindness

Manera de ser tomando en cuenta lo que sienten las personas para hacer algo bueno por ellas.

Bondad

buenos modales / good manners

Manera de comportarse en la que eres amable y justo con otras personas.

calendario / calendar
Tabla que muestra en qué día y mes del año estamos.

cambio / change
Algo nuevo y diferente.

Calendario

camión / truck
Transporte terrestre que lleva cosas pesadas.

capital / capital
Ciudad donde viven y trabajan los líderes o personas que han sido elegidas por la gente para gobernar un estado o país.

Washington, D.C. es la capital de mi país.

capitán / captain
Persona que manda en un barco, un avión o a un grupo de personas.

carbón / coal
Combustible parecido a piedras de color negro.

carreta / wagon
Carro grande que es jalado por uno o varios animales.

Carreta

carrusel / merry-go-round
En un parque de diversiones, es un juego que da vueltas.

cartel / poster
Anuncio o aviso hecho con un papel grande en el que está escrito o dibujado algo.

Carrusel

casas / houses
Construcciones o edificaciones donde viven las familias.

celebrar / celebrate

Hacer algo especial por un hecho que nos pone alegres.

Celebración judía.

centro de reciclaje / recycling center

Lugar donde algo se cambia o transforma para volver a usarlo.

César Chávez

Persona que ayudó a los agricultores para que les pagaran mejor.

cheroquí / Cherokee

Indígenas americanos que vivían en lo que ahora es Tennessee y Carolina del Norte.

cheyene / Cheyenne

Indígena americano que vivía en las llanuras occidentales de Estados Unidos.

Cheyene

chinoamericano / Chinese American

Persona de china o con antepasados o padres chinos, que vive en Estados Unidos.

chinook / Chinook

Indígena americano que vivía en la costa norte de la desembocadura del río Columbia.

chofer / driver

Persona que conduce autos o autobuses.

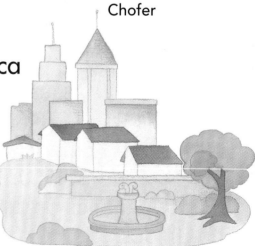

Chofer

ciencia / science

Conocimiento que se puede comprobar acerca de algunos hechos o fenómenos.

ciudad / city

Comunidad grande con muchos barrios.

Ciudad

ciudadano / citizen
Persona que es miembro o pertenece a un estado o país.

clase / class
Grupo de estudiantes que reciben juntos lecciones y explicaciones.

La clase de grado 1.

cocinero / chef
Persona que dirige las actividades en la cocina de un restaurante.

cofre / chest
Caja con tapa y cerradura.

colina / hill
Tierra alta y redondeada, más elevada que el terreno que la rodea.

Cocinero

colonia / colony
Lugar gobernado por un país que está lejos.

compañeros / classmates

Estudiantes que están en un mismo grupo o clase.

compartir / share

Dar a conocer algo de uno mismo o repartir una cosa propia.

Compartir el almuerzo.

comprender / understand

Tener una idea clara de algo.

comunicar / communicate

Compartir ideas y sentimientos.

comunidad / community

Lugar donde viven las personas.

Comunicar una idea.

14

cóndor de California / California condor

Ave de gran tamaño,
de color negro y blanco.
Es un ave de Estados Unidos
en peligro de extinción.

Cóndor de California

conferenciante / lecturer

Persona que habla en público.

construir / build

Hacer algo con los
materiales necesarios.

continente / continent

Gran extensión de tierra.

correo / mail

Servicio por el que las personas
envían cartas y paquetes de un
lugar a otro.

Continente americano

costumbre / practice

Manera especial en la que un grupo
de personas hace algo.

15

Cristóbal Colón / Christopher Columbus

Persona de origen italiano que descubrió el continente americano en 1492.

Cuatro de Julio / Fourth of July

Día en el que se celebra la independencia de Estados Unidos.

cuento / story

Historia corta que se narra o se escribe.

cuento popular / folktale

Cuento muy conocido que narra alguna historia inventada por una comunidad.

cultivar / grow

Trabajar la tierra o cuidar las plantas para que produzcan frutos o alimentos.

Cultivar la tierra.

cultura / culture

Conocimientos, creencias, costumbres y manera de vivir, de hablar y de organizarse de un pueblo.

Declaración de Independencia / Declaration of Independence

Documento que dice o declara que todo ciudadano estadounidense tiene derecho a ser libre.

decorar / decorate

Poner adornos en una cosa.

dentista / dentist

Persona que cuida los dientes para prevenir o curar sus enfermedades.

Decorar el árbol de Navidad.

desayuno / breakfast

Primera comida del día.

deseos / wants

Cosas que quieres tener o hacer.

desfile / parade

Es cuando muchas personas pasan en orden y una detrás de otra frente a otras personas que las ven, con el fin de celebrar algo.

Desfile

Día de Acción de Gracias / Thanksgiving Day

Día festivo en el que se recuerda a los Peregrinos y a los indígenas.

Día de Acción de Gracias

Día de la Bandera / Flag Day

Día festivo en el que se celebra a la bandera por ser el símbolo de un país.

Día de la Hispanidad / Spanish Day

Día festivo en el que se recuerda la llegada de Cristóbal Colón a las Américas.

Día de la Independencia / Independence Day

Día festivo en el que se celebra la historia de Estados Unidos y su pasado.

Día de los Abuelos / Grandpa Day

Día en el que se festeja a los abuelos.

Día de los Caídos / Memorial Day

Día festivo en el que los estadounidenses honran a quienes lucharon en las guerras de su país.

Día de los Abuelos

Día de los Presidentes / President's Day

Día festivo en el que se honra a los presidentes George Washington y Abraham Lincoln.

Día de los Veteranos / Veterans Day

Día festivo en el que los estadounidenses honran a quienes lucharon en las guerras de su país y aún están vivos.

Día de Martin Luther King / Martin Luther King's Day

Día festivo en el que se honra a Martin Luther King, Jr.

Día del Trabajo / Labor Day

Día festivo en el que los trabajadores celebran serlo.

día festivo / holiday

Día especial en el que una comunidad celebra algo importante.

Día Jamuhuri / Jamuhuri Day

Día en que la gente de Nairobi celebra su libertad.

diferente / different

Que una cosa no se parece a otra.

diligencia / stagecoach

Coche grande jalado por caballos que servía para llevar viajeros.

Diligencia

dinero / money

Billetes y monedas que se usan para comprar cosas o servicios.

dirección / address

Ubicación que nos dice dónde está una casa o un edificio.

Qué + significa

Dirección también es el rumbo o sentido (norte, sur, este y oeste) hacia el que se dirige algo o alguien. *ej.* Se fue con **dirección** al sur.

director / principal

Persona que dirige a un grupo de personas o es su líder.

discurso / speech

Palabras que se dicen ante un grupo de personas o público.

doctor / doctor

Persona que cura enfermos. También se le dice *médico*.

dólar / dollar

Dinero que se usa en Estados Unidos y otros países.

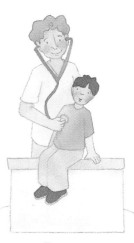

Doctor

economía / economy

Producción, distribución y consumo de bienes y servicios de un país.

edificios / buildings

Construcciones en las que vive la gente o donde realiza alguna actividad.

Eid al Fitr / Eid al Fitr

Último día de la semana del Ramadán que celebran los musulmanes con ropa nueva y alimentos especiales.

electricidad / electricity

Energía con la que se encienden los focos o bombillas, y funcionan muchos aparatos de las fábricas y los hogares.

empleado / worker

Persona que trabaja a cambio de un sueldo.

Empleado

en peligro de extinción / endangered

Se refiere a los animales y las plantas que pueden desaparecer para siempre.

La ballena azul está en peligro de extinción.

enfermería / nurse

Lugar donde se atiende a los enfermos y a los heridos.

entrevista / interview

Encuentro entre dos o más personas para hablar acerca de un asunto.

equipo / team

Grupo de personas que participan en una competencia deportiva o que realizan un trabajo especial.

Cosas necesarias para hacer alguna actividad especial. *ej.* Mi hermana mayor se compró su **equipo** de dentista.

esclavos / slaves

Personas que no son libres y viven como si fueran propiedad de una persona.

escritor / writer

Persona que se dedica a escribir.

escuela / school

Lugar donde se va a aprender.

espacio / space

Parte exterior a la Tierra.

estación / station

Lugar donde un grupo de personas da un servicio.

No te confundas

Estación también es el lugar de donde salen, hacia distintas ciudades o pueblos, trenes, autobuses o algún otro medio de transporte.

estación de bomberos / fire station

Edificio donde hay equipo para apagar incendios.

estaciones / seasons

Cada una de las cuatro partes en que se divide el año: primavera, verano, otoño e invierno.

estado / state
Cada una de las zonas, áreas o territorios que forman parte de un país.

El estado de Texas.

estado del tiempo / weather
Clima que va a hacer en un lugar.

estampilla / stamp
Sello que se pega en las cartas cuando se usa el servicio de correos.

excursión / field trip
Viaje corto que se hace a un lugar por diversión o trabajo.

exploradores / explorers
Personas que visitan y estudian con atención un terreno poco conocido.

fábrica / factory

Lugar donde se fabrican o producen cosas.

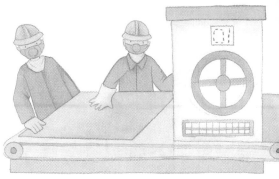

Fábrica

familia / family

Grupo de personas que viven juntas y se cuidan unas a otras.

felicidad / happiness

Sensación de mucho placer.

fraternidad / brotherhood

Relación de amor y amistad que hay entre las personas.

Fraternidad

futuro / future

Conjunto de hechos que están por venir o suceder.

gas / gas

Recurso natural que se encuentra debajo de la tierra.

gasolina / gasoline

Recurso natural que se obtiene del petróleo.

Los autos se mueven con gasolina.

gastar / spend

Usar el dinero para comprar cosas.

geografía / geography

Es el conjunto de conocimientos sobre el planeta Tierra, que nos dice dónde están los lugares y cómo son.

Mapa de la geografía del mundo.

George Washington

Primer presidente de Estados Unidos.

globo terráqueo / globe
Modelo redondo de la Tierra.

Globo terráqueo

gobernador / governor
Es el líder de un estado.

gráfica de barras / bar graph
Dibujo que muestra cuánto hay de cada cosa.

Gran Bretaña / Great Britain
Isla grande que está en Europa.

granja / farm
Es un lugar donde se cultivan plantas y se crían animales.

Gran Bretaña

granjeros / farmers

Personas que tienen una
granja o cuidan de ella.

gratis / free

Que no cuesta dinero.

grupo / group

Conjunto de personas,
animales o cosas.

Grupo de personas en
un torneo de ajedrez.

guerra civil / civil war

Lucha entre dos partes, bandos
o grupos de un mismo país.

gimnasio / gym

Lugar con el
equipo necesario
para practicar
algún deporte.

Gimnasio

Hanukkah / Hanukkah

Día festivo que celebran los judíos; también se conoce como el Festival de las Luces.

héroe / hero

Persona valiente que hace algo importante para su comunidad.

héroes cívicos / citizen heroes

Personas valientes que hacen algo importante para la política o el gobierno de una comunidad.

Héroe

herramientas / tools

Objetos que sirven para hacer un trabajo.

hidatsas / Hidatsas

Indígenas que vivían en donde hoy es Dakota del Norte.

Herramientas

historia / history
Relatos sobre personas y lugares del pasado.

hogar / home
Lugar en donde vive una persona, por lo general con su familia.

Historia también es el conjunto de conocimientos del pasado de los diferentes pueblos del mundo. *ej.* Este historiador domina la **historia** de la revolución.

honestidad / honesty
Es cuando siempre dices la verdad de lo que piensas y sientes.

hopi / Hopi
Indígena americano que vivía en el noreste de Arizona.

huerto / garden
Terreno pequeño donde se cultivan verduras, legumbres y árboles frutales.

Huerto

idioma / language

Son todas las palabras que usamos para comunicarnos.

En el mundo se hablan varios idiomas.

imprenta / printing

Máquina que sirve para hacer copias de libros, periódicos o revistas.

indígenas / indians

Personas que viven en el lugar del que se habla y pertenecen al grupo que vive allí, porque ahí nacieron.

indígenas americanos / Native Americans

Primeros habitantes de América del Norte.

indivisible / indivisible

Que no se puede dividir.

informe / report
Conjunto de datos que dan a conocer algo.

intercambiar / trade
Dar una cosa a cambio de otra.

Los niños intercambian tarjetas.

inundación / flood
Lugar cubierto de mucha agua.

invento / invention
Algo nuevo que ayuda a las personas a vivir mejor.

Grandes inventos: el teléfono, el fonógrafo y la bombilla eléctrica.

inventor / inventor
Alguien que hace o inventa algo nuevo.

invierno / winter
Es una de las cuatro
estaciones del año.

En el invierno hay que protegerse
del frío y de las nevadas.

juramento / pledge
Promesa muy seria que debe uno cumplir.

justicia / justice
Es cuando esperas tu turno y sigues
las reglas.

Kwanzaa / Kwanzaa
Día en que los afroamericanos celebran
su pasado y comparten el alimento.

lealtad / allegiance

Es cuando no engañas
ni traicionas a nadie.

lejano / faraway

Que está lejos.

lema / slogan

Idea que tratamos
de seguir en
nuestra vida.

Lema también es una frase
que dice lo que ofrecen
algunos negocios para
vender un producto o un
servicio. *ej.* "Bueno, bonito
y barato."

lémur / lemur

Animal pequeño,
que se parece al
chango, que tiene cola
larga y ancha, hocico
alargado y ojos
grandes.

Lewis y Clark / Lewis and Clark

Líderes de un grupo de
exploradores.

Lémur

ley / law
Regla que todos debemos cumplir.

leyenda / legend
Historia que cuenta hechos imaginarios o reales.

libertad / freedom
Derecho que tenemos para decidir y actuar.

libra / pound
Dinero de algunos países, como Inglaterra.

La Estatua de la Libertad.

líder / leader
Alguien que ayuda a las personas a tomar decisiones.

línea cronológica / time line
Tabla que muestra el orden en que pasan las cosas.

literatura / literature

Obras que se escriben con un lenguaje especial que se considera arte.

llanura / plain

Terreno muy grande y plano.

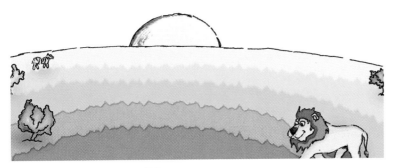

loma / hill

Terreno más alto que la tierra que lo rodea.

lugar / place

Espacio ocupado por algo o que puede ocuparse.

Madagascar / Madagascar

País africano que está en toda una isla del océano Índico.

Madagascar

madera / wood

Material que se saca de los árboles.

maestro / teacher

Persona que enseña en una escuela.

maíz / corn

Cereal que se usa como alimento.

majestuosos / majesties

Que causa mucha admiración y respeto.

mantequilla / butter

Alimento que se hace de la grasa de la leche de vaca.

Mantequilla

manual / manual

Libro en el que se encuentra lo más importante de una materia.

mapa / map

Dibujo que muestra dónde están los lugares.

marchas / marches

Grupo de personas que se reúnen para ir juntos a algún lugar.

Martin Luther King, Jr.

Líder que luchó contra el racismo en Estados Unidos.

Qué + significa

Manual también es algo que se puede hacer con las manos. *ej.* Las piezas que componen este mueble se arman de forma **manual**.

Marcha por los derechos de los niños.

mensaje / message
Información que se hace llegar a alguien.

mercado / market
Lugar en donde se venden mercancías.

Mercado

mercancías / merchandise
Productos que se compran o se venden.

mexicoamericano / Mexican American
Persona de México o con antepasados o padres mexicanos, que vive en Estados Unidos.

Familia mexicoamericana.

Miguel Hidalgo
Iniciador de la guerra de independencia en México.

modelo / model

Copia pequeña de algo.

montaña / mountain

Es el terreno más alto
de nuestro planeta.

Montaña

montar / ride

Subir o ponerse
encima de un animal
o de una cosa.

movimiento / movement

Cambio de lugar.

mudar / move

Cambiarse de casa.

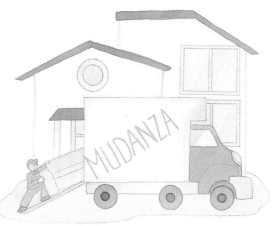

Mudarse de casa.

muebles / furniture

Objetos que hay en las casas y que sirven
para algo en particular. Por ejemplo, la
cama es un mueble que sirve para dormir.

mundo / world

Es la Tierra y todo lo que hay en ella.

museo / museum

Lugar donde se muestran objetos de todo el mundo.

Museo

música / music

Arte que consiste en combinar sonidos y en saber tocarlos con algún instrumento.

musulmanes / Muslims

Se les llama así a las personas que practican la religión que enseñó Mahoma.

La combinación armónica de sonidos hacen la música.

nacimiento / birth
Comienzo, origen o principio de algo.

navajo / navajo
Indígena americano que vivía en las llanuras de lo que ahora es Nuevo México.

Navidad / Christmas
Celebración que festeja el nacimiento de Jesús.

Celebración de la Navidad.

necesidades / needs
Cosas que debemos tener para vivir.

Noah Webster
Hombre que escribió el primer diccionario de inglés en América.

La vida en familia cubre varias necesidades.

océano / ocean
Gran masa de agua.

oficina / office
Lugar en el que las personas hacen trabajos que ayudan a organizarse.

Oficina

oficina de correos / post office
Oficina a donde llegan las cartas para luego enviarlas a sus dueños.

opción / option
Es algo que se elige o que puede elegirse.

ordenar / sort
Poner un conjunto de cosas de manera apropiada.

orgullo / proud
Satisfacción grande que siente una persona por algo que considera muy bueno.

otoño / fall
Una de las estaciones del año.

país / country
Territorio donde vive un grupo de personas, unido por un solo gobierno.

Mapa del país: Estados Unidos.

parecido / alike
Que una cosa es igual o semejante a otra.

Parque Nacional / National Park
Lugar donde se protege a la naturaleza.

partida / leaving
Irse de un lugar.

pasado / past
Tiempo que ya pasó.

patio de recreo / playground
Patio de la escuela donde juegan los niños.

Partida también significa que una cosa está cortada. *ej.* Quiero mi naranja **partida** por la mitad.

pavo / turkey
Ave que sirve de alimento el Día de Acción de Gracias.

Peregrinos / Pilgrims
Son personas que llegaron de otros lugares a América del Norte.

periódico / news
Publicación diaria que da noticias.

Periódico

personaje / personage
Persona que aparece en un cuento o historia.

petróleo / oil
Recurso natural que es un líquido espeso de color negro.

piñatas / piñatas
Ollas de barro o cartón que se adornan con papel de colores y se rellenan de frutas o regalos, para luego romperlas con un palo durante ciertas fiestas mexicanas.

Petróleo

planeta / planet
Cuerpo que está en el espacio
y gira alrededor del Sol.

plomero / plumber
Persona que compone tuberías.

población / settlement
Grupo de personas
que viven en un
lugar, junto con sus
casas y edificios.

Las personas viven en una población.

poblado / town
Lugar donde vive un grupo de personas.

pobladores / settlers
Personas que se quedan en un lugar
para vivir en él.

poema / poem
Obra de literatura escrita en verso.

político / politic

Persona que se ocupa de resolver los asuntos del país.

Polo Norte / North Pole

Parte norte del eje de la Tierra.

Polo Norte

Polo Sur

Polo Sur / South Pole

Parte sur del eje de la Tierra.

predecir / predict

Anunciar algo que va a suceder.

Premio Nobel / Nobel Price

Premio muy importante que se da a las personas que sobresalen o destacan en distintas actividades.

presa / dam

Construcción que se hace para almacenar agua.

Presa

presente / present
Tiempo que pasa en este momento.

presidente / president
Persona que dirige un país.

primavera / spring
Es una de las cuatro estaciones del año.

primero / first
Es cuando algo está antes de otra cosa.

problema / problem
Hecho que dificulta algo y debe resolverse.

productos lácteos / dairy products
Productos que están hechos de leche.

Presente también significa "regalo". *ej.* Te traje este **presente** por el día de tu cumpleaños.

Primavera

programa / program

Grupo de ideas que sirven para hacer algo.

proteger / keep safe

Defender algo o a alguien.

Es importante proteger a los animales marinos.

pueblo / town

Comunidad pequeña.

puntos cardinales / cardinal points

Direcciones que nos indican hacia dónde ir. Son: norte, sur, este y oeste.

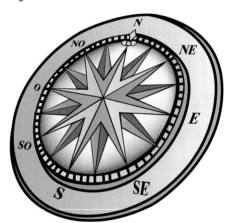

Puntos cardinales

raíz / root

Parte de las plantas que las fija en el suelo.

Las flores tienen raíces.

Ramadán / Ramadan

Noveno mes del año musulmán en el que no se hace ninguna actividad.

reciclar / recycle

Aprovechar algo para darle un nuevo uso.

recolectar / collect

Reunir cosas.

recordar / remember

Traer a la memoria.

Recordar

recurso natural / natural resource

Material útil que viene de la naturaleza.

reducir / reduce

Usar menos una cosa.

refrán / saying

Dicho popular que tiene un consejo.
ej. Como dice el refrán: "Haz el bien sin ver a quién".

región / region

Cada una de las partes en que se divide un lugar.

reglas / rules

Algo que debe uno hacer o no hacer para vivir en una comunidad.

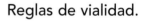

Reglas de vialidad.

respeto / respect

Es cuando tratas a alguien como te gustaría que te trataran a ti.

responsabilidad / responsibility

Es hacer las cosas o las tareas que debes hacer.

reutilizar / reuse
Volver a usar algo.

rey / king
Persona con gran autoridad.

río / river
Cuerpo de agua con
forma alargada.

riqueza / wealth
Abundancia de
cualquier cosa.

Río

rompecabezas / puzzle
Juego hecho con piezas
que deben unirse para
formar una figura.

ruta / route
Camino que se toma
para ir de un lugar
a otro.

Ruta

Sacajawea

Mujer shoshone que ayudó
a un grupo de exploradores.

salón de clases / classroom

Cada uno de los cuartos o habitaciones
de una escuela donde se enseña a un
grupo de estudiantes.

saludable / healthful

Que es bueno para
conservar la salud.

Alimentos saludables.

selección / selection

Elegir entre un grupo de cosas algo
que consideramos mejor.

sendero / trail

Camino estrecho.

servicios / services

Trabajos que se hacen
para ayudar a los
demás.

Sendero por una montaña.

shoshone / Shoshone
Indígena americano que vivía en lo que ahora es Idaho.

significado / meaning
Lo que algo quiere decir.

símbolo / symbol
Dibujo que representa algo real.

soldado / soldier
Persona que trabaja en el ejército.

Soldados

solucionar / solve
Resolver un problema o asunto.

sordo / deaf
Persona que no oye.

suelo / land
Superficie o terreno.

sueño / dream
Algo que es posible hacer y nos hace actuar.

Qué + significa
- **Sueño** también es deseo de dormir. *ej.* Me voy a dormir porque tengo **sueño**.
- Soñar. *ej.* Anoche tuve un **sueño** hermoso.

tabla / chart
Manera de mostrar algo con palabras y dibujos.

tableta / tablet
Trozo de madera o cerámica donde se escribía información.

Tableta

taco / taco
Tortilla de maíz enrollada, rellena con algún alimento.

taíno / Taino
Una de las tribus amerindias que encontró Cristóbal Colón cuando descubrió América.

tarjetas / cards
Pedazos de cartulina donde se anotan datos.

tela / fabric
Tejido hecho de hilos.

La tela se usa para hacer la ropa.

terreno / land
Espacio grande de tierra.

tibio / warm
Que no está frío ni caliente.

Terreno

tiempo / time
La duración de las cosas.
También es la temperatura
y humedad que hay en el
aire.

Tierra / Earth
Planeta en el que vivimos.

tierra / land
Superficie que no está
ocupada por agua.

La Tierra

Tío Sam / Uncle Sam
Personaje de Estados Unidos que
ayudó a celebrar la Patria.

tipi / tepee
Tipo de vivienda donde vivían algunos
indígenas americanos.

trabajador / worker
Persona que trabaja a cambio de dinero.

trabajadores de rescate / rescue workers
Personas que trabajan para ayudar a otras en situaciones peligrosas.

trabajo / job
Es lo que se hace para tener algo de dinero.

transporte / transportation
Medio o vehículo que se usa para llevar a personas y bienes de un lugar a otro.

El avión es un medio de transporte.

tripulación / crew
Grupo de personas que trabajan en un barco o en un avión.

ubicación / location
Lugar donde está algo o alguien.

universidad / college university
Escuela donde se estudian varias carreras o profesiones.

valentía / courage

Es cuando tienes el valor de hacer lo correcto aunque sea difícil.

vasijas de cerámica / painted bowls

Objetos de barro o loza pintados que hacen algunos indígenas para usarlos o para venderlos.

vecindario / neighborhood

Zona reducida o barrio donde la gente vive, trabaja y juega.

vecino / neighbor

Persona que vive en la misma zona donde vive otra.

Vecinos

vendedor de libros / bookseller

Persona que trabaja vendiendo libros.

verano / summer

Es una de las cuatro estaciones del año.

veterano / veteran

Soldado que peleó en una guerra y que regresó vivo de ella.

Verano en la playa.

vivienda / shelter

Casa o apartamento para vivir.

voluntario / volunteer

Alguien que cumple con un servicio gratis.

voto / vote

Opinión que cuenta en una elección.

Voto

wampanoag / wampanoag

Indígenas americanos que vivían en lo que hoy es Rhode Island. Los Peregrinos celebraron con ellos por primera vez el Día de Acción de Gracias.

yen / yen

Dinero que se usa en Japón.

zloty / zloty

Dinero que se usa en Polonia.

Zoológico

zoológico / zoo

Lugar donde se tienen muchos tipos de animales.

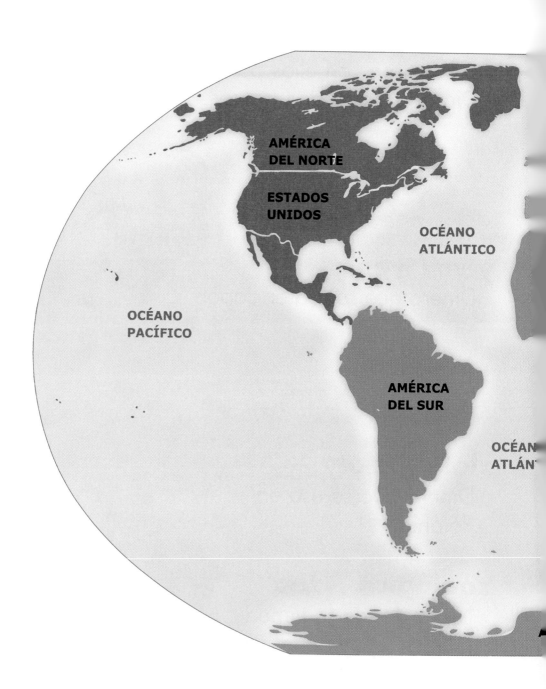

AMÉRICA
DEL NORTE

ESTADOS
UNIDOS

OCÉANO
ATLÁNTICO

OCÉANO
PACÍFICO

AMÉRICA
DEL SUR

OCÉAN
ATLÁN

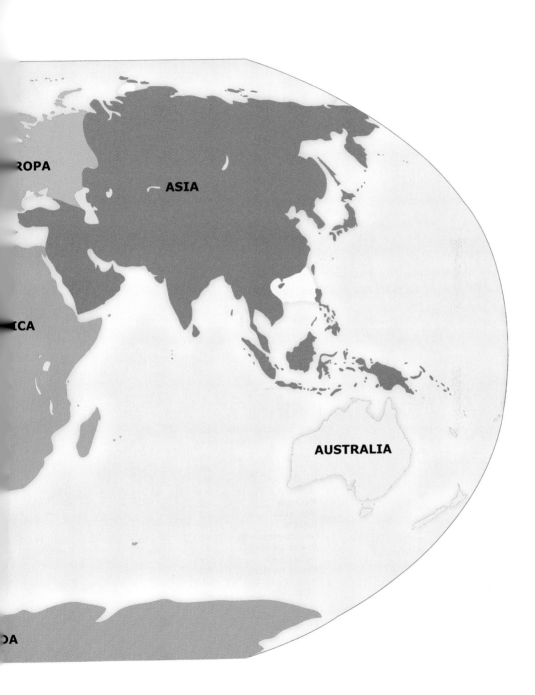

ROPA

ASIA

ICA

AUSTRALIA

DA

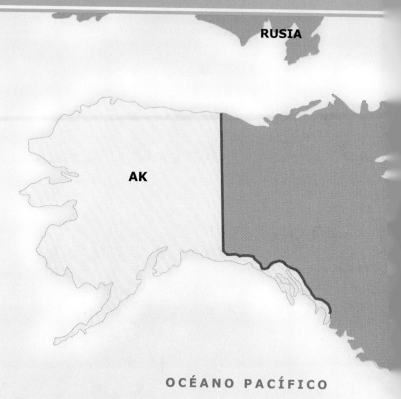

RUSIA

AK

OCÉANO PACÍFICO

HI

Estado	Abreviatura
Alabama	AL
Alaska	AK
Arizona	AZ
Arkansas	AR
California	CA
Carolina del Norte	NC
Carolina del Sur	SC
Colorado	CO
Connecticut	CT
Dakota del Norte	ND
Dakota del Sur	SD
Delaware	DE
Distrito de Columbia	DC
Florida	FL
Georgia	GA
Hawai	HI
Idaho	ID
Illinois	IL
Indiana	IN
Iowa	IA
Kansas	KS
Kentucky	KY
Luisiana	LA
Maine	ME
Maryland	MD
Massachusetts	MA

Estado	Abreviatura
Michigan	MI
Minnesota	MN
Mississippi	MS
Missouri	MO
Montana	MT
Nebraska	NE
Nevada	NV
New Hampshire	NH
Nueva Jersey	NJ
Nueva York	NY
Nuevo México	NM
Ohio	OH
Oklahoma	OK
Oregón	OR
Pennsylvania	PA
Rhode Island	RI
Tennessee	TN
Texas	TX
Utah	UT
Vermont	VT
Virginia	VA
Virginia Occidental	WV
Washington	WA
Wisconsin	WI
Wyoming	WY

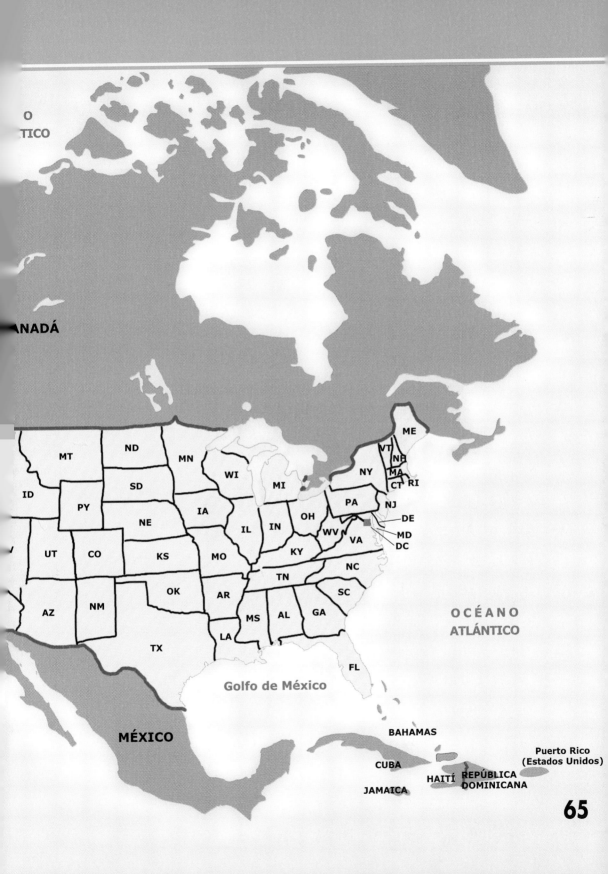

O
TICO

ANADÁ

MT
ND
MN
WI
ME
VT
NH
NY
MA
CT RI
ID
SD
PY
IA
MI
NE
IL
IN
OH
PA
NJ
DE
WV
MD
DC
UT
CO
KS
MO
KY
VA
AZ
NM
OK
AR
TN
NC
SC
MS
AL
GA
LA
TX

OCÉANO
ATLÁNTICO

FL

Golfo de México

MÉXICO

BAHAMAS

Puerto Rico
(Estados Unidos)

CUBA

HAITÍ
REPÚBLICA
DOMINICANA

JAMAICA

65

Mapa político de Estados Unidos

RUSIA

OCÉANO GLACIAL ÁRTICO

ALASKA
(AK)

CANADÁ

OCÉANO
PACÍFICO

WASHINGTON
(WA)

OREGÓN
(OR)

IDAHO
(ID)

MONTANA
(MT)

WYOMIN
(WY)

OCÉANO
PACÍFICO

NEVADA
(NV)

CALIFORNIA
(CA)

UTAH
(UT)

COLORA
(CO)

ARIZONA
(AZ)

NUEVO
MÉXICO
(NM)

HAWAI
(HI)

OCÉANO
PACÍFICO

MÉXICO

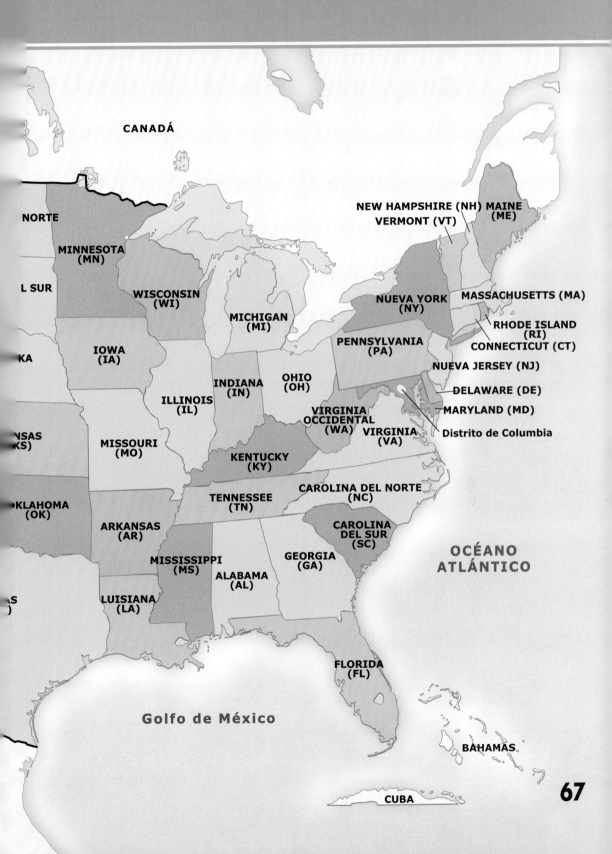

CANADÁ

NORTE

MINNESOTA
(MN)

L SUR

WISCONSIN
(WI)

MICHIGAN
(MI)

NEW HAMPSHIRE (NH) MAINE
VERMONT (VT)   (ME)

NUEVA YORK
(NY)

MASSACHUSETTS (MA)

RHODE ISLAND
(RI)

CONNECTICUT (CT)

IOWA
(IA)

KA

PENNSYLVANIA
(PA)

NUEVA JERSEY (NJ)

INDIANA
(IN)

OHIO
(OH)

DELAWARE (DE)

MARYLAND (MD)

ILLINOIS
(IL)

Distrito de Columbia

NSAS
KS)

MISSOURI
(MO)

VIRGINIA
OCCIDENTAL
(WA)

VIRGINIA
(VA)

KENTUCKY
(KY)

KLAHOMA
(OK)

TENNESSEE
(TN)

CAROLINA DEL NORTE
(NC)

ARKANSAS
(AR)

CAROLINA
DEL SUR
(SC)

OCÉANO
ATLÁNTICO

MISSISSIPPI
(MS)

GEORGIA
(GA)

ALABAMA
(AL)

LUISIANA
(LA)

AS
)

FLORIDA
(FL)

Golfo de México

BAHAMAS

CUBA

67

Índice

M

N

O

P

painted bowls / vasijas de cerámica, 59

parade / desfile, 17

past / pasado, 45

pen pal / amigos por correspondencia, 3

personage / personaje, 46

Pilgrims / Peregrinos, 46

piñatas / piñatas, 46

place / lugar, 37

plain / avión, 5

plain / llanura, 37

planet / planeta, 47

playground / patio de recreo, 45

pledge / juramento, 34

plumber / plomero, 47

poem / poema, 47

politic / político, 48

post office / oficina de correos, 44

poster / cartel, 10

pound / libra, 36

practice / costumbre, 15

predict / predecir, 48

present / presente, 49

president / presidente, 49

President's Day / Día de los Presidentes, 19

principal / director, 21

printing / imprenta, 32

problem / problema, 49

program / programa, 50

proud / orgullo, 44

puzzle / rompecabezas, 53

R

Ramadan / Ramadán, 51

recycle / reciclar, 51

recycling center / centro de reciclaje, 11

reduce / ahorrar, 1

reduce / reducir, 52

region / región, 52

remember / recordar, 51

report / informe, 33

rescue workers / trabajadores de rescate, 58

respect / respeto, 52

responsibility / responsabilidad, 52

reuse / reutilizar, 53

ride / montar, 41

river / río, 53